꽃이 보고 싶을 때

빛나는 시 100인선 · 050

꽃이 보고 싶을 때

류우림 시집

인간과문학사

• **시인의 말**

나이가 들수록
시를 읽을 일이다
가슴이 허허롭고
사는 게 재미없어질수록
뜨겁게 타오른 후 남겨진
사리 같은 시
한여름 내내 베어내던 풀과도
마침내 친구가 되는
가을 같은 시
나이가 들수록
소리 없이 밤새워 내리는 함박눈 같은
시를 읽을 일이다
— 시 〈시詩〉 전문

2002년 ≪사랑의 그네≫ 이후 14년 만이다

2016년 4월
류 우 림

빛나는 시 100인선 · 50

꽃이 보고 싶을 때

차례

시인의 말

1부 그 사이 많은 꽃들이 왔다 갔습니다.
사랑　12
당신　14
그대 떠나고 없는데　16
사람이 그리운 날　18
하루　19
그리운 날　20
가을에 쓰는 시　22
꽃이 지는 날　23
겨울 안부　24
입춘에 내린 눈　25
군불　26
모로 누운 침묵　27
꽃밭에서 드리는 기도　28
사람들 속에서　29
교회　30

2부 목련의 계절에

목련의 계절에 32
봄날 33
칼국수 34
멸치 35
골파를 까며 36
택배 37
아내 38
봄소식 39
꽃씨들이 움트는 곳 40
가족 41
저녁연기 42
원두커피 43
집 44
만찬 45
아내의 피아노 46
장독 48
봄날 50
오동잎 51
그곳으로 가면 52
젖은 마당 53

3부 눈이 내렸으면 좋겠다

눈 56
나를 흔드는 것은 57
슬픔에게·1 58

슬픔에게·2 59
슬픔에게·3 60
슬픔에게·4 61
슬픔에게·5 62
슬픔에게·6 63
따뜻한 사랑 64
역驛으로 가고 싶다 65
세월 66
근황 67
사랑초 68
시詩 69
풀무 70
사내의 몸무게 71
쇳가루를 모으며 72
시인의 집 73
화가畵架 위의 세상은 아름답다 74
외출 75
빈잔 77
육지소라게 78

4부 젖은 책을 말리며
오래된 시 82
달빛 83
물레 84
젖은 책을 말리며 85
책 나무 86

꽃 87
가을 햇살에 집을 맡기고 88
재래시장 89
눈이 부신 날 90
작고 습한 것들이 92
야소골 대숲 93
남평리 발 첫차 94
전화 95
바람 96
이런 날은 97
끌 98
냉방 99

5부 꽃이 보고 싶을 때
꽃이 보고 싶을 때 102
1-벽 102
2-꽃이 진다 103
3-도박 104
4-동백꽃 그늘에서 105
5-꽃이 하는 말 106
6-혼곤한 꿈 107
7-꽃 숲으로 가서 107
8-그 꽃나무 108
9-꽃신 109
10-꽃 매 110
11-묘지 110

12-너의 당부　111
13-우람한 꽃나무　112
14-밀어　113
15-꽃배　114
16-어긋난 꽃가지　114
17-꽃밭　115
18-사랑　116
19-꽃을 찾아 가는 길　117

● 류우림의 시세계
절대적 존재로서의 '꽃'과 기독교적 상상력 |
유한근(문학평론가 · 디지털서울문화예술대 교수)　118

1부

그 사이
많은 꽃들이
왔다 갔습니다

사랑

그사이
많은 꽃들이 왔다 갔습니다
빗속에 묻어나는 치자꽃향기 같은 세월도
왔다 가고
아름답던 새소리도 곁에 앉았다 가고
나도 모르는 사이에 그대도 서성이다 갔습니다

그새 많은 꽃들이 왔다 갔습니다
그 많던 꿈도 꽃을 따라 왔다 가고
그 많던 슬픔도 빗물에 쓸려 가고
아침마다 눈을 밝혀주던 풀꽃들도
마당을 서성이다 갔습니다

나도 모르는 사이에 세월은 흘러
바다로 가고
바람은 파도처럼 빈 나무 가지를 흔들고 있는데
마른 동백나무 곁가지에

그대가 묻어 두고 떠난 사랑이
피었습니다

당신

꽃이 보고 싶습니다
거기서 그렇게 피어 있을
당신

헤어질 때 활짝 핀
꽃이던 당신
그 후로 늘 꽃이던 당신
그런 당신이
지고 있습니다

조그만 마당가에서 지고 있는
꽃을 보고서야
당신도 저 꽃처럼 지고 있다는 것을
알았습니다

헤어질 때 더 향기롭던
꽃이던 당신

당신이 보고 싶어 하던 꽃도
덩달아 무너져 내리는
오늘

꽃이 보고 싶습니다

그대 떠나고 없는데

그대 떠나고 없는데
꽃들이 피어
사무치는 가시가 되던 날
아침부터 목이 메어 울어대는 이씨네 암소도
하씨 할머니의 지난밤을 위로하지 못하는 아침
우리는 모두 혼자였구나

혼자 떠나고
혼자 남아서
이씨네 암소처럼 혼자 목이 메어 울다가
저렇게 흔한 꽃이 되는구나
길고 푸른 가시도 되는구나

그대 떠나고 없는데
글라디올러스도
수국도 피어
허전한 마당을 다독이는 아침

우리는 모두 사랑을 하면서 살아왔구나
허투루 들었던 새소리도 계곡 물소리도
목이 메이는 사랑이었구나
그대 떠나고 없는데
하늘은 높고
바다는 푸르구나

사람이 그리운 날

사람 사는 세상에서 사람이 그리운 날
환하게 반겨줄 사람은 없어도
환하게 반겨줄 사람을 기다리는 날
사람을 찾아 밖으로 나서는 날
그리운 것들은 모두 떠나고
낡고 오래된 골목만 우두커니 앉아
사람을 기다리는
사람 사는 세상에서 사람을 볼 수 없는 날
늙은 팽나무 잎만 바람에 떨어지는 날
밤새도록 쏘아대는 가스총 소리도
어린 고라니 눈동자처럼 반갑고 안심되는 날
사람이 그리운 날

하루

보면 볼수록
목이 메이는 아침
점심 그리고 저녁이여
너는 어찌 이렇게 나를 찾아와서
날마다 얼굴을 내미는가
보면 볼수록
가슴 저리는 저녁
새벽 그리고 오후여
너는 어찌 이렇게 나를 찾아와서
날마다 손을 내미는가
보면 볼수록 먹먹해지는
나의 하루 너의 하루여
너는 어찌 이렇게 나를 찾아와서
날마다 내 어깨를 다독이는가
보면 볼수록
보면 볼수록 눈물겨운 하루여

그리운 날

그리운 날에는
대문 곁에서 허물어진 돌확처럼
이곳저곳 금이 간 흔적들이
말을 걸어온다

마당의 꽃들은
그대가 떠나던 그 봄처럼
어느새 지고
수로에서 붉던 동백꽃처럼
그대가 그리운 날에는
능선마다 피었다 지는 꽃까지
그리운 날에는
산이 말을 걸어온다
동백 씨앗처럼 까맣게
영근 목소리로
몇 날 며칠 내려 쌓일 눈을 이고
피어날 꽃 이야기를 한다

그리운 날에는

모든 것들이

말을 걸어온다

가을에 쓰는 시

가을에는 시 대신 그림을 그린다
시는 너무 많은 오해를 불러일으키기도 하므로
서툰 풋사랑처럼 쉽게 오해하고
쉽게 흔들리기도 하므로
가을에는 시 대신 그림을 그린다
그림은 이미 모든 시의 고향이므로
이미 깊고 오래된 시이기도 하므로
그대가 보내온 시로 그림을 그린다
빨갛고 파랗고 노란 물감으로 쓰는 시는
이미 모든 세상의 모든 언어와 같으므로
가을에 그리운 사람의 얼굴을 그리면
낯선 여인
낯선 사내의 얼굴이 그려지고 말지만
우리는 서로를 알아볼 수 있다
세월은 충분히 흘렀으므로
그림은 이미 모든 사랑의 시작이기도 했으므로
가을에는 시 대신
그림을 그린다

꽃이 지는 날

이렇게 무심한 심정으로도
가슴은 향기로 가득하다
천둥소리 무성하던 여름을 지나
풀꽃 스러지는 가을 길을 걷다가
문득 꽃이 보고 싶은 날
땅 위를 걸으면서도 땅이 보고 싶은 날
천년을 떨어져 있었거나
천년을 잊은 채로 무심한 세월 속에 태어나
서로 사랑하지만
서둘러지는 꽃 하나 어쩌지 못해
오늘 또 꽃이 진다
천년을 지고 천년을 피어도 보고 싶은
꽃이 지는 날

겨울 안부

바람이 책장을 넘기고 있다
가을이 다 가도록 읽지 못한 시집을
바람이 대신 읽고 있다
감나무 잎도 진작 내려앉은 정월 오후
버릴 것 모두 벗어던진 늙은 호두나무에
딱따구리 한 마리가 앉아서
가는귀에다 잠언을 읽고 있는 사이
바람이 책장을 넘기고 있다
하염없이 눈이 내린 골짜기에서
그대가 보내온 짧은 안부와
덤으로 보내온 짧은 햇살까지
두꺼운 외투에 털모자를 눌러쓴 바람이
대신 읽고 있다

입춘에 내린 눈

몸살기가 돌던 저녁나절부터
눈이 내렸다
아내는 좋아라 마당으로 나가고
나는 몸을 생각하여 망설이고 있었다
그 날 밤새도록 눈이 내리고
나는 웅크린 자세로 꿈을 꾸었다
작년보다 더 왜소하고 키가 줄어든
어머니 품에서
생로병사도 알지 못했던 시간과 공간속에서
어릴 적 앞마당에 널어 말리던 목화솜같이
희고 따뜻한 솜이불에 묻혀
꿈을 꾸었다

겨울에도 내리지 않던 눈이
입춘이 지나고서 통영으로 내렸다

군불

저녁마다 폐목에 불을 붙이면
감나무 아래 작은 무덤처럼 앉아 꿈을 꾸던
묵은 시간들이 눈을 뜬다
묵은 아궁이가 환해지고
묵은 구들장이 데워지면 나는 제왕처럼 발을 뻗고
꿈을 꾼다
세상에 와서 피고 지는 꽃들을 따라
한낮을 보내고
저녁이 되면 감나무 아래 쌓인
보잘것없는 불쏘시개들이 일어나
타닥타닥 내 육체를 화장하는 곳
황금도 묻히는 어둠을 뚫고 평화를 가져오는 곳
내 영혼이 눈을 뜨는 성소에
불을 붙인다

모로 누운 침묵

침묵이 평상에 누워 있다
모로 누워서
콩밭에서 허리가 굽은 침묵을 바라보고 있다
새벽부터 저녁까지 꼼지락 거려도
감칠맛이 나지 않는 삶
싱겁고 푸석한 하루가
80이 넘은 침묵을 침묵하게 하고
평상에 모로 누워 지나가는 나를 바라본다
시퍼런 호박 줄기가 아랫집 헛간 지붕으로 뻗어나가고
굽은 허리쯤에서 잘린 엄나무 가시가
꽃처럼 찬란한 날
80이 넘은 침묵이 80이 넘은 산을
80이 넘은 콩밭을 바라보고 있다
부지런히 살아서 이쯤 깊어지면
너도 모로 누워
잠도 들고 깨기도 할 거라며
어서어서 가라고 길을 열고 있다

꽃밭에서 드리는 기도

하나님은 어디로 마실을 나가실까
내가 돌보는 작은 꽃밭이 비바람에
황폐해졌는데 하나님은 오늘
나보다 더 쓸쓸한 사람의 꽃밭으로 꽃 일을 나가셨다
손잡이가 노란 꽃삽은 저렇게 놓아두신 채
하나님은 어디로 급히 가셨을까
아무리 손을 봐도 더는 어찌할 수 없는
내 작은 꽃밭의 비와 천둥을 하나님은
무슨 뜻으로 서둘러 뿌려 놓고 가셨을까

무너진 화단 가에서 하늘을 본다

사람들 속에서

흰 눈이 겹겹이 내리고
해가 뜬 날에도 눈보라가 치던 깊은 산골에서
사무치게 그립던 사람냄새는 이런 것이 아니었는데
오늘 네 옷에서는 비린 것들이 묻어난다.
치명적인 바늘에 아가미가 걸린 채
깊고 푸른 바다를 그리워하는 너,
너의 꼬리지느러미에서
눈이 내린다.
산 새 소리도 눈에 묻혀 적막하던 숲
소리 없이 내리던 그 눈이 펑펑 내린다.

교회

내가 어렸을 때
마을에 교회가 있었다
공부를 위해 객지로 나왔을 때
그곳에도 교회가 있었다
마을에 있던 교회는 작고
걸음을 옮길 때면 나무 소리가 났다
그러나 도시 교회는
나무 냄새가 나지 않았다
내가 어렸을 때
마을에 교회가 있었다
한 걸음 걸을 때마다 풍금 소리가 나던
작고 오래된 교회가 있었다
녹슨 종탑이 종지기를 기다리고
예배당 지붕 위에는
작은 나무십자가가 있는 교회가 있었다

2부

목련의 계절에

목련의 계절에

지는 꽃들은 지고
피어날 꽃들은 피어나고 있다
우리는 아직
날마다 지는 꽃을 보내지도 못했는데
만개한 자두 꽃그늘에서 동백을 보면
너는 어느새 이렇게 와서
노란 꽃술을 붉게 쪼아대고 있다
우리는 아직 너를 보내지도 못했는데
어느새 마당 가득 자리를 잡은 너는
이제 잊으라 잊으라 하고
매화가 지고 동백이 지고 다시 피는 목련의 계절에
아직 지지 않은 꽃들을 위하여
아직 피지 않은 꽃들을 위하여
잊으라 하고

봄날

돈 때문에
꽃을 사지 못한 아내가
이곳에 있는 꽃을 저곳으로
저곳에 있는 꽃을 이곳으로
옮겨 심는 사이 봄날이 갔다
그러다 이곳저곳에 꽃씨와 함께 떨어져 있던
동전 몇 닢을 모아서 외출을 했다
하늘도 산천도 눈이 시린 오월
뒤뜰 나무그네 위로 날아와 앉은 텃새처럼
아내는 어느 봄날에 앉아 있을까
돈으로는 살 수 없는 세상에 살면서
돈을 생각하는 봄
세상 참 푸르다

칼국수

칼국수를 먹으러 간다
눅눅하게 흐린 저녁나절에 신평 전철역으로 간다
계단을 내려서면 펄럭이는 깃발
로또 가게 안에서 후줄근한 사내들이
흔들리고 있다. 그래, 마음껏 흔들려라
흔들리는 것이 부끄러운 일은 아닐 터,
그러나 부러지지는 말아라
시내의 번잡한 극장 앞에서 너를 기다리며
무디어진 칼을 간다
칼칼하게 매운 손칼국수 한 그릇을 제대로 먹기 위해
시계를 본다. 올 시간이 됐다
툭, 툭 투둑,
빗방울에 묻어나는 도시의 흙냄새
그리고 두 번 더
마침내 쏟아지는 게릴라성 집중호우
당첨이다

멸치

멸치를 깐다
쥐똥같이 까만 속을 발라내면서
콩도 아닌 멸치를 깐다고 말한다
어린 시조새의 화석 같은 뼈를 추리고 나면
쥐똥같이 까만 덩어리 하나뿐인데
어떻게 그 넓은 바다를 헤엄쳤을까
하늘로 날아간 새에 대한 그리움이었을까
쥐똥같이 까맣게 타들어간 사랑의 힘일까
바다는 더없이 넓은데
그토록 허술한 그물에 걸릴 건 또 뭔가
더 날아갈 하늘도
애간장을 태울 사랑도 저물어서일까
허연 소금기를 훔쳐내고 속을 가르면
거기 내 상처를 모두 아물게 하고도 남을 것 같은
까만 신약 한 알이 있다

골파를 까며

아내가 방안에서 혼자 까고 있던 골파를
슬며시 집어 들고 방안으로 쏟아져 들어오는 햇살에게
미안하다, 미안하다 딴전을 피우는 사이 눈물이 났다
맑고 따뜻한 햇살 사이로 눈이 시리게 번지던 눈물이
파! 파! 땅을 헤집고 솟아올랐다
햇살보다 파란 심지를 돋우며 팟! 팟! 도수를 높이더니
기어코 재채기를 하도록 만들었다
연분홍 블라인드가 잠시 열렸다 닫히듯 아내의 속눈썹으로
솔숲에 내리던 눈부신 빛살이 부챗살같이 내리더니
속살을 드러낸 흰 파 뿌리 위로 쏟아져 내렸다

택배

묵은 김치가 택배로 왔다
꼼꼼하게 포장을 하고 단단하게 매듭을 해놓아서
손을 대기가 민망했다
중요한 물건이 든 것도 아니고
그렇게 비싼 것이 든 것도 아닌데
매듭마다 굵은 세월과 사랑을 실어서
보내왔다
결국은 잘라야 할 매듭이라고
사랑은 잘라내야 하는 거라고 다짐을 하면서
문구용 가위로 끈을 자른다
툭, 투툭
삶이, 내가 살고 싶었던 삶이 쏟아져 나왔다

아내

잠들어 있는 아내를 본다
요란스런 이른 아침 새소리에 꽃가지 밑으로
떨어진 한 장 꽃잎을 본다
지난밤 내가 누웠던 쪽으로 돌아누워
꿈을 꾸는 아내
그 꿈속에도 복사꽃 만발한 꽃그늘이 있어
그녀와 내가 사는 앞마당으로 휘어진 가지 사이를
이리 저리 옮겨 다니며 새들은 아침을 맞을까
작고 초라한 내 방으로 떨어진
한 장 꽃잎을 본다
지난밤 내가 누웠던 자리로 슬그머니 흘러들어
고인 수면 위에 떠 있는
한 장 꽃잎을 본다

봄소식

봄은 언제나 차분하다
약간은 쌀쌀하고 적막하기도 해서
한길을 달리는 오토바이 소리조차
따스하게 감겨온다
모든 소음이 아득해지는 공단의 새 동네
아침마다 지붕에서 햇살을 쪼던
비둘기들도 보이지 않는 정오
시장통으로 난 조립식 창문을 열어젖히면
그래도 가장 크게 꿈틀거리는 소리는
사람소리다
다시 한 번 일어서야 한다는,
난전이라도 벌여 놓고 기다려야 한다는
봄소식이다

꽃씨들이 움트는 곳

조립식 지붕 위에서
초저녁 봄비가 투닥거리는 사이
히히 낙락 좋아하던 아내와 딸이
어느새 아내는 이쪽으로
어린 딸은 저쪽으로 돌아누워 잠이 들었다
티브이 앞 내 자리를 빈 베개가 지키고 있는 단칸방
꽃나무의 한 쪽이 아직 겨울인 듯
시간이 어디쯤 가고 있는지도 모르는 봄비는
새벽이 올 때까지 꽃나무를 적실 모양이다
조금은 탁하게도 들리는 발소리건만
모두 편안히 잠든 걸 보면
조립식 지붕에선 지금
꽃들이 움트고 있는 것이 분명하다

가족

꽃잎 두 장이
발치에서 잠이 들었다
어쩌다 지나는 바람에 몸을 뒤척일 때면
온 힘을 다해 나를 끌어당긴다
행여 어느 가지,
어느 이파리 하나가 느슨해져
꽃잎이 다칠까
잠꼬대 하나에도 온 몸을 눕혔다
세운다

저녁연기

저녁 빛이 아무리 아름다워도
굴뚝의 저녁연기만 하겠느냐
산 빛이 아무리 푸르러도
너의 눈빛만 하겠느냐
목련이 지고 배꽃 떨어진 자리로
사월하순의 푸른 물이 고여도
깊어가는 너의 고독만 하겠느냐

원두커피

원두를 갈면서
창밖을 본다
꽃은 이미 만개했고
천사에게 날개가 있다면
저 빛이었으리라

한 알씩 으깨지는 봄날의 원두

새가 된다면
이런 날개를 지니리라
소리가 된다면
이런 소리를 내는 피리가 되리라
잠든 모든 것들을 흔들어 깨우는
깊은 통증
한 방울의 몰약

집

집은
비바람을 가려 주는
한 그루 나무
깊은 숲에서도 들을 수 없는
새들의 노래가 있는 둥지

집은
그늘이 되어 주는
한 그루 나무
꿈을 꾸고
흘러가는 구름을 바라볼 수 있는 곳
너를 기다리면 네가 오고
내가 찾아가면 네가 있는 곳

집은
하나님이 세상에 만들어 놓으신
작은 꽃밭
사람에게 허락된 작은 천국

만찬

맛있는 냄새가 난다
가난이 준 선물이다
집안이 환해진다
밤이 준 선물이다
아침에는 수선화가 피고
저녁에는 매화밭이 환해지는 춘삼월
아내는 오늘도 일용할 양식으로
세상을 구한다
권력도 영광도 없이
정갈한 푸성귀로 세상을 섬긴다

아내의 피아노

마흔을 훌쩍 넘긴 아내가
피아노를 친다

이른 봄 움트는 매화 꽃봉오리처럼
한 송이 피고 또 한 송이 피고 나면
다시 엇박자로 핀다

노래 한 소절을 놓고 몇 번을 연습해도
손가락마다 살아온 날들이 많아서일까
자꾸만 엉뚱한 건반을 누르고 만다

눈에 보이는 악보처럼 빤한 삶도
아직 엇박자로 살고 있는 이유도
제대로 된 노래 한곡을 부르기 위함인데
칠월의 소나기 속
아내의 서툰 피아노 소리가
매화꽃으로 핀다

마흔을 훌쩍 넘긴 아내가
꽃으로 핀다

장독

이렇게 너처럼 앉아
그늘도 품고 빛도 품고
하루를 살고 또 하루를 살아내면
천년의 세월도 꿈같이 흐르고
우리들의 밥상은 행복해질까

이렇게 너처럼
퇴색한 이마위의 주름살만한
세월을 살아내면
내게로 왔다가 바다로 흘러간
모래 몇 알에 대한 이야기도
주고받을 수 있을까

천도의 불길을 지나온 너에게
묻는다
너의 봄이 기다려온 가을
어느 햇살 좋은 날

장독의 뚜껑을 여는 그녀의 하루도
행복할까

봄날

도심의 꽃집 앞에 차를 세우고
춘화를 생각한다
사람들은 겨우내 오므리고 있던 꿈을
활짝 피우기라도 하려는 듯 분주하지만
내가 천냥 하우스에서 무지로 된 노트를 찾다가
결국 가지런하게 밑줄이 그어진
노트 한 권을 사고 나오듯이
거리로 나섰던 사람들도 그렇게
귀가를 한다
좋은 봄날이라며 동경의 눈빛을 감춘다
울릉도 어느 산등선에서 들어섰던
동백꽃 붉은 꽃그늘 같은 몸태를

오동잎

어둠 속에서도 오동잎이 푸르다
봄비소리에 잠은 들떠서 산으로
들로 나가고 혼자 앉아서 지키고 있는 집
불이 없어도 대낮같이 환하구나
산벚꽃 소리 없이 지던 어느 날
소리 없이 내 곁을 떠나간 젊은 날처럼
우리는 어느 봄날 다시 만나질까
밤새워 흐르는 계곡물소리는
아래로 흘러도 우렁찬 목소리를 내는데
밤새 날개를 퍼덕이며 날아올라도
대낮같이 환한 어둠 하나 뚫지 못한다
오동잎은 밤에도 푸르다며
봄비를 맞는다

그곳으로 가면

이곳을 떠나 그곳으로 가면
나무 한 그루 키우리라
내 영혼에 물을 주듯
네 영혼에 수혈하듯
그렇게 나무 한 그루 키우리라
별이 내리고
구름 흐르는 그곳에서
너를 만나리라 만나서
꿈을 꾸리라
설계도를 고치고
다시 고치다
기둥이 일어서는 아침을 맞으리라
처마마다 해가 오르고
어디서고 등짐을 풀면
어디서고 환하게 뻗어나가는
빛의 길에서
네 살고 있는 세상을 만나리라

젖은 마당

네가 멀면
꽃도 멀고 바람도 멀고
안개 속 마당의
잔디도 멀다

이쯤에서도
때로는 산 너머가 보이고
때로는 발밑이 보이는
오늘
너만 보이지 않는다

네가 깊으면
장마에 젖은 마당도 깊고
길도 깊고
안개에 젖은 산도 깊고
삶에 젖은
나도 깊다

이쯤에서도
때로는 바다 너머가 보이고
때로는 하늘 위가 보이는
오늘
너만 보이지 않는다

3부

눈이 내렸으면 좋겠다

눈

눈이 내렸으면 좋겠다
온돌방의 따뜻한 등허리처럼 따뜻한 눈이
온 세상을 덮었으면 좋겠다
살 것들은 모두 살고 피어날 것들은 모두
피어날 수 있을 만큼 따뜻한 눈이
모든 사람들의 세상에 내려
사람들의 어깨가 평등해졌으면 좋겠다
아무리 거친 바람이 불어도 한곳으로만 쏠려
배고픈 짐승, 눈 어두운 짐승들의 덫이 되지 않는
그런 눈이 펑펑 내려
등허리가 뜨끈뜨끈한 밤이었으면 좋겠다
밤을 두려워하지도
겨울을 원망하지도 않는 그런
세상이었으면 좋겠다

나를 흔드는 것은

나를 흔드는 것은
무심히 서 있는 나무와
무심하게 지나가 줘서 고마운 그대다
애써 미소를 짓거나 미련을 두지 말고
부디 무심히 지나가 다오
그렇게 나를 깨우치고
나를 울게 하고
나를 일어서게 해다오
태양이 나무를 키우듯이
비와 바람이 대지를 살찌우듯이
달과 별이 침묵으로 밤을 밝히듯이
그렇게 나도
지나가게 해다오

슬픔에게 · 1

참 슬프구나
밤기운이 서늘한 산중에서 올려다보는
입추의 하늘엔 별이 많고
나는 이곳 통영에서 때늦은 슬픔을 누리는구나
깊고 부드러운 비단결처럼 우아하고 눈부신
고치의 실을 뽑는 호사도 누리는구나
참 슬프구나
아직도 남루한 몸을 가릴 옷 한 벌 짓지 못한 채
입추에 발을 딛고 올려다보는 하늘엔 구름이 흐르고
세상은 모두 눈을 감은 채 내 슬픔을 용납하는구나
기쁨조차 인색해진 오늘에 와서야 너의 슬픔을
나의 비루함을 기념하는 시간이 오고
나의 꿈은 정녕 이 낮은 곳으로 강림하실 시간이
아득하다는 것인가
네 손을 잡고 걸어볼 야소골의 대지는 푸르기만 한데
너는 슬픔의 연서만 띄우고 있구나

슬픔에게 · 2

슬픔이 슬픔에게 말을 건다
이런 날이 내게 오리라고는 짐작하지 못한 것처럼
어색하게 슬픔이 슬픔에게 말을 건다.
말이 없어도 어색하지 않는 눈빛으로
서로를 바라보는 것만으로도 가슴이 시려오는 슬픔이
슬픔에게 말을 거는 연습을 한다
내가 하고 싶은 말은 이런 것이 아니라고
내가 보여 주고 싶은 것은 이런 것이 아니라고
내가 살고 싶은 삶도 이런 삶이 아니고
내가 하고 싶은 사랑도 이런 사랑이 아니라고
슬픔이 또 다른 슬픔에게 말을 건다

슬픔에게 · 3

그토록 오랜 세월 용케도 살아남아서
이렇게 가까운 길을 멀리도 돌아서 왔구나
이리도 외로운 섬으로 흘러들었구나
그래서인가 네 몸에선 별들의 냄새가 나고
지나온 은하의 강들과 이끼가 묻어 있구나
이미 오래전 내 안으로 스며들어
말없이 슬픔을 다독이며 슬픔의 곁을 지켜온 너
하늘의 무수한 별들을 보며 너를 보낸다
너의 지극한 위로를 기다리는 또 다른 별들에게
찬란한 나의 슬픔을 보낸다

슬픔에게 · 4

너에게 할 말이 있다
내 집 마당에선 여름 꽃이 지고 가을이 피고 있다
지난봄부터 나는 너를 경계하며 가슴 깊숙이 간직한 채
균형을 잃지 않으려 애써 왔다.
나에게 조금의 아량을 베풀어다오
삶은 그대가 아니더라도 충분히 힘겹고 쓸쓸하고 아프다
잊을만하면 체온이 느껴지는 거리에서 나를 잊지 않도록
나를 비추는 슬픔이여
조금 일찍 가을을 맞이한 느티나무 잎들이
나를 너에게로 인도하는 아침 그대는 간밤에
편한 잠을 잤는가
꿈에서 본 연인처럼 그대 앞에서 걸음을 멈춘 나는
아프다. 여전히 뛰고 있는 심장과 깊어진 눈매로
잠처럼 편하고 강물처럼 조용히 오래도록 내 곁은 지켜온
그대에게
 붉던 여름 꽃도 모두 져 버린 마당가에서
 꺼칠하게 마른 손을 내민다

슬픔에게 · 5

그때는 어떻게 할까
눈물이 나서 눈물이 앞을 가리고
모든 것들이 두꺼운 얼음장 뒤의 사물처럼
어른거릴 때, 그 가운데서 어둡고 두꺼운 유화처럼
너의 존재가 사물화 되어 갈 때
너보다 먼저 목석이 되어 벼랑 끝에 서고 싶은
그때는 어떻게 할까
벌써부터 혼자서 고행하듯 파내려가는 강 하나
너를 생각할 적마다 자주자주 범람하는 강
눈물이 아니고서는 흘러들 수 없는 부재의 강
함부로 건널 수도 돌아갈 수도 없는
내 육체와 영혼을 침례하고 너를 부활시킬 강
너의 이름으로 강을 부른다. 슬픔이여

슬픔에게 · 6

마침내 너의 이름을
친근하게 부르는 날이 왔구나
가슴이 철렁 내려앉거나
두근거리지도 않고
입가에 엷은 미소를 띠고
다정하고 측은한 눈빛으로
너를 바라보는 날이 왔구나
마침내 부끄럼 없는 너의 나신을
마주하는 날이 왔구나
모든 사물이 따뜻해지고 아름답구나
마침내 네가 나에게로 온 날
너는 내 뼈가 되고 살이 되었구나
이렇게 막막한 세상에서
이렇게 눈부신 하늘 아래서

따뜻한 사랑

이렇게 추운 날에도 꽃이 필까

아주 낯선 그림을 그리고 싶어 하다가
꽃을 그린다
너도 잊고
아주 새로운 삶을 애모하다가
새벽을 열면
봄, 여름, 가을, 겨울이
차례차례 지나가고
내가 이름을 잊어버린 너를 위해
꽃다발을 든 한 사내가
너를 기다리고 있을까

이렇게 추운 날에도
사랑은 여전히 따뜻할까

역驛으로 가고 싶다

그곳에서
기차를 기다리며 얼마큼
서성이다가
낯선 사람들이 낯익은 모습으로
서성이는 틈새로 들어가
그렇게 서 있고 싶다
몇 개의 크고 작은 프라스틱 화분에
눈에 익은 꽃들이 있고
정성스레 화분을 손질하는 역무원과
선한 눈인사를 나누는 곳
고삐를 느슨하게 쥔
촌로가 늙은 황소를 몰듯이
수기를 들고 천천히 기차를 세우는
그곳에서
기차를 기다리며 얼마큼
서성이다가
소치는 아이처럼 나도
고향으로 가고 싶다

세월

세월은 휘파람을 불며 간다
어둡고 긴 터널을 지날 때면 휘-휘 휘파람을 불며
이 세상에서 저 세상으로 간다
다시는 올 수 없는 세상인줄 알기라도 하듯
휘-휘 흐린 빗속을 헤치며 간다
깊고 푸른 바다를 헤엄치듯이
환하게 흔들리는 사랑도 저만치 두고
세월은
무엇이 그리도 바쁜지 휘-휘
옷소매를 날리며 간다

근황

갈수록 세상일에 어둑해지고
눈은 침침해진다. 이게 바로
세월이라는 것일까
지혜라는 것일까
문득 감이 잡히지 않는 아침 책상머리에
뒷마당의 복숭아꽃이 활짝 핀다
갈수록 억세고 우람한 것들보다
연하고 부드러운 꽃잎 같은 것들이
어두운 눈을 그나마 밝히는 것은
하나님의 위로일까
나의 슬픔일까

사랑초

빗물에 번지는 잉크처럼
시를 써도 시가 보이지 않는 날
비에 젖고 있는 산처럼
조용히 하루를 받아내고 있는 날

어디서 만났던 것일까
어디서 보았던 것일까

열 발가락 사이로 일어서는
사랑아

시詩

나이가 들수록
시를 읽을 일이다
가슴이 허허롭고
사는 게 재미없어질수록
뜨겁게 타오른 후 남겨진
사리 같은 시
한여름 내내 베어내던 풀과도
마침내 친구가 되는
가을 같은 시
나이가 들수록
소리 없이 밤새워 내리는 함박눈 같은
시를 읽을 일이다

풀무

볕 좋은 가을 오후
이웃에서 들리는 피아노연습곡에서는
마른 감꽃 냄새가 난다
여름을 지나면서 몸이 불었던
모든 것들을 실하게 하는 계절
가을이 무른 나를
혹독하게 단련하는 오후
잘 익은 단감처럼 씨알 좋은
불씨만 골라 풀무에 넣고
마른 풀 냄새를 풀풀 날리면서
오는 봄까지는 살아 있어야 한다고
내 살을 발라먹으며
야단들이다

사내의 몸무게

밤길을 달리는 자동차 바퀴 아래서
출렁이는 물소리가 난다
내가 깊어지기도 전에 세월도 그렇게
흘러갔다
코팅된 창문으로 언뜻언뜻 비치는 도시의 불빛들이
나를 흔든다. 그러고 보면
빛이란 것도 깊어 가는 물길이나 흔들리는 세월과
다르지 않게 오랜 세월 내 곁에서 살아왔다
그만큼 오랫동안 빛을 갈망하며 살아왔다는
내 그늘이기도 하다
이렇게 밤이 깊었는데도 달리는 자동차 바퀴 밑에서
선명하게 찍힌 지구표 타이어의 물무늬가 뭉글뭉글 퍼져
나간다
별을 지나고 성단을 지나 아득한 지구로부터 이제 막
도착했다는 물무늬 하나가
한 사내를 싣고 달리던 무거운 기억을 너는 아느냐며
출렁이고 있다

쇳가루를 모으며

학교 철봉 앞 모래사장에 쭈그리고 앉아
막대자석으로 쇳가루를 모은다. 좌우로 설렁설렁
이쪽에서 저쪽으로 빙글빙글
에스극에도 엔극에도 쇳가루가 달라붙는다
자전거로 운동장을 돌던 아이가 소리를 내지르며
손짓을 한다.
큰 별이, 큰 바위 하나가 굴러 온다
발치께서 잘게 부서지며 금모래가 된다
고개를 들어보니 교정의 백목련도 한창이다
그사이에도 한정 없는 세월이 쌓이고
막대자석 양극으로 쇳가루가 모여든다
흰 편지봉투에 쇳가루를 모으며
참 쏠쏠하다는 생각을 한다. 이 나이쯤에는
진짜 쇳가루를, 커다란 쇳덩이 하나가
발등을 찍는다. 끙!
턱걸이로 용을 쓰며 버티던 빈 철봉에도 노을이 걸렸다.

시인의 집

그의 마당에는
오래된 호두나무 한그루가 있다
호두만큼 단단한 고독이 있다
서툴게 짠 차탁 위에는 빈 찻잔과 귤껍질이 있다
낮고 빛이 바랜 나무대문을 들어서면
조그만 연못가에 석류나무 한 그루가 있고
석류만큼 붉은 그리움이 있다
노란 꽃창포와 수련이 돌복숭아 그늘에서 자라고
한낮이면 산고양이 밥그릇을 기웃대는 까치와
외로움에 도가 튼 진돗개가 있고
오래된 우리의 미래가 있다
그의 집에는
바람이 제일 많이 들락거리고
새소리가 하루 종일 울창하다

화가畵架 위의 세상은 아름답다

방안에서도 많은 것이 보인다
어제 오후에는 뱀 한 마리가
텃밭에서 나와 마당을 가로질러 오더니
오늘 아침에는 참새 두세 마리가
햇살을 받으며 앞마당에 내려앉아
재재거린다
그 소리에 눈이 열렸을까
새벽쯤 떨어졌을 법한 텃밭 가의 붉은
석류 꽃 무더기가 한 눈에 들어오고
초라한 방안으로 넓은 세상이 쑥
들어온다
이렇게 많은 시와 많은 노래가
화가畵架 위에서 꽃 핀다

외출

필요한 것을 다 챙긴다면
아무 곳으로도 떠나지 못하리라
그런 것은 이제 세상의 일
오늘도 신평 전철역 플랫폼 창가엔
백일홍이 피고, 사람들은
떠나고 있다
아직도 아무것도 되지 못한 사람들이
지하도를 빠져 나오며 따가운 햇살에
얼굴을 가리고 버스를 기다린다
난전의 소반 위 푸성귀는
허공으로 뿌리를 뻗고 나는
저리로 가야 한다
저리로 가서 뿌리를 내려야한다 몸서리를 치다가
병든 가로수에 머리를 부딪친다

보고 싶은 것을 다 보고 산다면
아무것도 보지 못하리라

가고 싶은 곳을 모두 다 갈 수 있다면
아무 곳으로도 갈 수 없으리라

빈잔

손안에 들어와 있으면서도
언제나 비어 있는 네가
어디로 기울지는 나도 알지 못한다
한 철 피었다 지는 꽃처럼
까만 씨앗 같은 것을 남기기도 하지만
무슨 꽃을 피울지는 나도 모른다
어느 입술이 너의 입술을 빛내고
어느 포근한 날개를 가진 새가 너를 품고
천둥과 폭풍의 나라를 지나 둥지를 틀지

내 안에 들어와
나까지 깊어지게 하는
푸른 숲 하나

육지소라게

육지소라게가 집을 바꿨다
지난 밤 어둠 속에서 부스럭거리는 소리가 나더니
오늘 아침 그가 사라졌다
환골탈퇴의 아픔을 지켜보았을 화장실 안의 밤도
그녀의 아이섀도처럼 덩달아 사라지고
이른 아침 소라게의 실종을 접하고 놀란다
의심으로 출렁이는 두 눈으로 텅 빈
소라껍질을 집어든다.
존재가 빠져나간 빈 공간이 마침내 중력의 지배로부터
자유 한다. 할 수 있을까
어디서 또 다른 중력의 무게를 감당해내고 있을까
바다를 제 품에 품고서도 울렁일 수밖에 없었던 소라껍질
한때 떠돌이였던 자신을 기꺼이 받아 주고 놓아주기도
한 그녀를 위해
   그는 바다로 갔을까
   죽을 줄 뻔히 알면서도
   바다 속으로 깊이 잠수하여

바다로 흘러든 바다를 두 집게발로 집어 들고
해변으로 기어 나와
네가 잃어버린 바다가 여기 있다며
집으로 들어설까

4부

젖은 책을 말리며

오래된 시

비바람에 떨어진 꽃자리로
침묵이 왔다
세월에 빛이 바랜 대문을 열면
아주 오래된 시가 찾아왔다
쓰러진 풀숲 사이로
따뜻한 등불이 타오르고
풀빛에 물든 걸음걸이로 천천히 걷다보면
아주 오래된 그리움이
환하게 밝아왔다

달빛

마당으로 쏟아진 달빛만 모았어도
사는 이치쯤은 꿰뚫고도 남았을 법한데
마당을 서성인 날들만 세어 봤어도
달 속사정쯤은 환하게 알 법한데
나는 또 귀를 세우고 입을 벌리는구나
달에 한 번 차오르는 달을 보면
스러지는 달도 따뜻하다는 것쯤은
절로 알았을 법한데
나는 언제 저 갈밭으로 쏟아지려나

물레

문득
새 한 마리가 유리창에 부딪혀
떨어지는 소리가 나고
불혹도 더 되었을 목련 나무에서
푸른 잎이 돋는다
물레는 돌던 길로 다시 돌아가고
곱디고운 명주가락으로 꽃병 하나를 빚다 보면
사람은 모두 봄날에 흙으로 돌아간다
죽어야만 다시 돌아갈 수 있는
곱디고운 흙
그것으로 일어서서
흙보다 고운 뼈를 품었다가 너를 만나고
여기 한창인 봄 창가에 홀로 앉아
물레를 돌린다
수치를 가릴 나뭇잎 한 장을 딴다

젖은 책을 말리며

젖은 책을 말리며
사랑하는 이의 관을 땅속으로 내리듯
책들을 눕힌다
사람들의 통곡 대신
이미 젖을 대로 젖은 활자들이
퉁퉁 부은 몸으로 땅을 헤집고 들어간다
감자나 작두콩같이 고개를 내밀고
새로운 세상으로 타오르기 위해
가만히 엎드린다
이렇게도 햇살이 좋은 날
발밑에서 용케 살아남은
개미와 지렁이를 위하여
우리들의 젖은 삶을 위하여
활자들이
땅을 헤집고 들어간다

책 나무

어린이날을 앞둔 딸이
내가 받고 싶은 책이라는 서툰 글씨를
반으로 접은 16절지에다 적어 놓았다
내가 받고 싶은 책이 가물거렸다
책제목은 도무지 생각나지 않는 책이
하얗게 펼쳐졌다
조금 전에 머리를 감아서 일까
물에 젖은 책의 활자들이 모두
잠수를 했거나 비눗물에 씻겨 하수구로
흘러들었을까. 그곳에서
이곳은 생전 처음 와보는 낯선 장소라고
수군거리며 제자리를 찾고 있을까
먼- 먼 어느 날이거나 가까워도 좋은 어느 날
작은 책 나무 싹 하나가 땅을 비집고 올라와서
마침내 하늘까지 올라가 꿈을 주렁주렁 맺으면
딸아이는 그땐 무슨 책을 받고 싶다고 쓸까
나는 아직도 책제목이 생각나지 않는다.

꽃

순한 꽃도
열정 없이는 피지 않는다
부드러운 향기도
매순간 태양처럼 폭발하지 않으면
날개를 퍼덕이지 못한다
아무리 아름다운 꽃도
날이 잘 선 칼날처럼
파르스름한 눈을 뜨고 있지 않으면
꽃이 되지 못한다

가을 햇살에 집을 맡기고

마당으로 쏟아지는 햇살을 위해
대문을 열어 놓고 바다로 간다
집을 비운 사이 올지도 모를 너를 생각해서
나를 위해 바다를 열어 놓은 너를 생각하며
대문을 열어둔 채 바다로 간다
그대가 두고 떠났던 붉은 맨드라미와
굴뚝 옆의 방아꽃이 무성한 마당을
내가 얼마나 오래 서성였는지 보고갈 수 있게
가을 햇살에 집을 맡기고 간다
막 건져 올린 해산물을 사러 집 앞 어판장에 가듯이
대문을 활짝 열어 놓고 간다

재래시장

고단한 삶들이 희망을 둘러 피어 있다
동백 잎같이 푸른 기운으로
하루하루 살아가는 사람들이 수레를 밀며
좌판을 챙기며
새벽부터 한낮의 태양을 가로지르고 있다
오래 바라보면 금세라도 눈물이 쏟아질 것 같은
고단한 삶들이 꿈을 둘러 피어 있다
저마다 약한 잎맥들을 살피며
내일의 삶을 둘러 피어나고 있다
오는 사람도
가는 사람도
저마다의 빛깔로 푸른 사월 오후
고단한 삶들이 부활하고 있다

눈이 부신 날

어디로 가고 있을까
흰 페인트색도 빛이 바랜
파라다이스호는
낮고 느리게
바지선 곁을 지나간다
모래 더미처럼 무겁고 자잘한 세상사 모두
내려놓고
선표를 사고 파라다이스호에 승선한 이들이 남긴
아련한 눈길로 해안선을 바라보며
충무마리나 리조트 앞 벤치에 앉아 있는
그녀와 나를 바라보며
남겨진 바다를 달래는
어머니의 손길 같은 파도를 밀어내며 간다
파라다이스호가 지나칸다
세상에 남겨져서 쓸쓸하던 나도
포말처럼 밀려와 내 가슴에서 부서지던 그녀도
파라다이스로 떠날 수 없었던

닻을 내린 빈 요트도
눈이 부신 날
파라다이스호는
낮고 느리게
바지선 곁을 지나간다

작고 습한 것들이

습한 것들이
세상을 바꾼다
습한 것들이 사람을 태양을 향해 서게 하고
습한 것들이 먼저
이것저것을 아낌없이 내어주고
남은 초라함으로 초라한 자신을
일으켜 세운다
먼저 너를 믿어주고 그 믿음으로
은밀하게 흔들리던 너의 어깨도
바위가 되게 한다

작고 습한 것들이
세상을 바꾼다
깊은 옷장 속의 옷가지들과
신혼의 기억이 남아 있는 침구에 곰팡이가 피게 하는
작고 습한 그것들이
오늘도 태양을 밀어 올린다

야소골 대숲

야소골 대숲은
내가 계곡에서 흘린 땀보다 굵은 마디가 가득해서
바람이 불면 강가로 나가 피리를 불고
안개가 내리면 깊은 묵상에 잠긴다
골짜기의 밭주인이 몇 번이나 바뀌어도
산짐승이 내려오는 밤을 피해 죽순을 키워낸다
야소골 대숲은
사철 맑은 물이 흐르던 계곡이 마르고
묵은 논밭에 개망초가 피고
떠날 사람들 떠나고
남은 사람들이 속절없이 늙어가도
대숲은 여전히 뿌리를 뻗는다
지난 세월은 자잘한 미소로 달래가며
하늘에 기댄 채 나이를 먹는 대숲은
하루하루 꽃이 그립고
하루하루 꽃이 그립다

---

* 야소冶所-대장간이 있던 지역

남평리 발 첫차

두꺼운 어둠을 밀치며
마을로 들어선 버스가
노인 회관 앞 종점에서 잠시 머물다가
텅 빈 채로 떠나는 차창은 유난히 밝구나
첫차로 출근해야만 일터에 닿을 수 있는
도시의 서민들이
버스와 전철에서 졸며 흔들리는 시간
오늘따라 서씨 할머니의 푸성귀 보따리도 없이
환한 불빛만 가득 싣고 굽은 길을 돌아가는
남평리 발 첫차는
어두운 강물 위를 흘러가는 꽃배 같구나
이승에서 저승으로 가는
따뜻하고 환한 꽃마차 같구나

전화

마탕에서 집안으로 들어오는 사이
모든 것이 달라졌다
세상에서는 고독한 자가 먼저 전화를 하는 법
늦은 밤 전화를 받고서야 나는 내가 고독한 사람이라는 것을 알았다
이렇게 늦은 시각에 전화를 받을 수 있는 사람은 고독한 자들뿐이므로
이렇게 넓은 벌판에서도
자기를 부르는 소리를 알아들을 수 있는 사람은
고독한 자들뿐이므로

우리는 모두 쳐 별로 가야한다는 것을 알면서도 땅만 보며 산다

바람

너를 기억나게 하고
너를 기억되게 하는 모든 것들
장마에 키가 자란 창포 꽃대에
실하게 달린 꽃씨 주머니처럼
실하고 사연이 많았던
짧고 수줍던 지난봄과 같은 것
바람은
아무도 몰래 키가 자란
아주 오래되고 묵은 뿌리
깊고 고요한 연민

이런 날은

바람 불고 비 뿌리는
이런 날은
밤 세워 바람소리를 듣고
밤 새워 빗소리를 듣자
나보다 가난한 이들을 위하여
나보다 더 사랑하는 이들을 위하여
이런 날은
바람 불고 비 뿌리는
이런 날은
밤 세워 시를 쓰고
밤 세워 기도를 하자
나보다 더 축복 받아야 할 이들을 위하여
나보다 더 사랑 받아야 할 이들을 위하여
밤새워 가슴에 불을 지피고
밤새워 작은 우산을 펴자

끌

칼을 간다
사람을 베는 칼이 아닌
집을 세우는 칼
밀어내고 쪼개고 홈을 파서
서로 부둥켜안아 한 몸이 되게 하는
녹슨 끌을 숫돌에 간다
검붉은 녹물이 밀려나고
차분한 은회색 날이 선다
집 한 채 짓느라 제 몸 한 번 돌보지 못한 채
이가 빠진 끌들이
제 몸을 깎아내며 날을 세워주는
숫돌에 몸을 기댄다
최후의 순간까지 일어서서
따뜻한 집 한 채
배 한 척 다듬어 세워야 한다며
묵묵히 집을 나선다

냉방

마음이 따뜻해도 몸은
냉한 온돌방에서 웅크리고 자야 하는 밤
가로등 아래로 비가 내린다
신의 아들이었으나 인자로 죽음을 맞이했던
예수 그리스도처럼 캄캄한 밤
소리로만 듣던 장맛비는
빛 아래로 모여들어 우리들의 슬픔을 들려준다
들쑤셔 놓은 벌집에서 쏟아져 나오는 벌떼처럼
위협적이고 아프게 우리들의 행적을 보여 준다
마음이 따뜻해도 몸은 여전히
냉한 온돌방에서 웅크리고 자야 하는 밤
3일 만에 부활하신 예수 그리스도처럼
그리운 태양이 우리를 깨우기까지
밤은 길고 길다

5부

꽃이 보고 싶을 때

꽃이 보고 싶을 때

1-벽

꽃이 보고 싶을 때
나는 창가로 간다
한없이 가슴이 답답하고
먹먹해질 때
나는 벽 앞으로 간다

하나의 방을 위하여 하나의 벽을
세울 수밖에 없었던 이들을 위하여
아, 나는 꽃이 보고 싶을 때
누구나 창밖을 바라볼 수밖에 없는
깊고 푸른 눈을 가진 이들을 위해
창가로 간다

오늘은 비가 내리고
꽃이 지고

내일은 밤의 어둠과
이슬 스러진 자리로
태양이 뜨고

나는 또
꽃이 보고 싶어
창가로 간다
한없이 가슴이 먹먹하고
답답해질 때면
수직으로 일어선 벽 앞으로 간다

2-꽃이 진다

떨어지지 않는 꽃이 어디 있다고
꽃 진다, 꽃이 진다 나는 시끄러운가
모두 잠이 든 깊은 어둠 속으로
별처럼 빛나는 꽃이 진다고 잠을 설치는가
아이들은 벌써 깊은 잠에 빠지고, 어른들은
근심에 싸여 잠들 수 없는 밤
꽃이 피고 지는 게 무슨 대수라고 나는
이리도 맑은 정신으로 앉았는가

어른도 아이도 되지 못한 사람아
쌀이 떨어진다
밥도 해 먹을 수 없는
하얀 쌀이 밤새도록 떨어진다

3-도박

남편의 노름 병이 깊어갈 때마다
그녀는 꽃길로 떠난다
지독한 꽃향기가 가도가도 그치지 않는
새벽 2시나 3시
벌건 눈으로 돌아온 바람 앞에
그녀는 꽃잎처럼 무너진다
알뜰살뜰 저축했던 통장의 돈이 거덜 나고
조마조마하던 생활비가 거덜 나고
중고 컴퓨터가 팔려 나가고
노름방 전주의 노름 빚 독촉이 험악해져 갈 무렵
중고 마티즈가 팔려 나가고
전세 자금이 축나기 시작할 때
그녀는 무작정 꽃이 보고 싶다
남편의 병보다 깊고 독한

꽃향기 가득한
꽃길을 걷고 싶다

꽃으로 지고 싶다.

4-동백꽃 그늘에서

이러다 어느 날
그대 앞에 섰을 때
우루루 꽃들이 피며
내가 얼마나 너를 기다렸나
이제 보라며
우루루 무너져 내리면
나는 어쩔까
늦봄 햇살 좋은 오후
심산유곡으로 스며든 산그늘
온 정신을 놓아도 좋은
동백꽃 그늘에서
그대여,
그대여, 속울음만 울다가
나도 그만 우루루

무너져 내릴까

5-꽃이 하는 말

흔한 말로 억장이 무너져서
흔한 꽃이라도 보자고 나갔더니
꽃은 안보이고
무너진 억장들이 지천으로 피어
이래도 꽃이 보고 싶으냐 이래도
무너질 억장이 남았느냐 하길래
나도 몰래 두 주먹을 불끈 쥐고 온 몸을 떨었더니
꽃이, 진짜 꽃들이
얼마나 힘이 들었느냐 얼마나 가슴이
아팠느냐
먼 옛날 너처럼 가슴이 무너졌던 어느
시인도 너처럼 나를 붙들고 몸을 떨다가
마침내 나무가 되고 꽃이 되어 하는 말은
얼마나 긴 긴 날들이었더냐 얼마나 외롭고
쓸쓸한 밤이었더냐

6-혼곤한 꿈

숨이 턱턱 막히는 꽃그늘에서도 나는
꽃이 보고 싶다
기억도 아득한 그날 이후
여기 뿌리를 박고 뻗쳐온 세월도
아랑곳없이 가고
나는 아직 내 가지에서 피는 꽃을
보지 못했다
봄비 내리고, 어느새 현대식으로 몸단장을 마친
도시 한 구역에서 나는 양철지붕 위로
떨어지는 빗소리를 들으며 너를 기억해낸다
겨울이 봄을 기억하고, 꽃봉오리를
우리가 숨 막혀 헉헉거리던 꽃그늘을 기억해 내고야 말 듯이
굵은 쇠창살 안에서도 혼곤한 꿈을 꾼다

7-꽃 숲으로 가서

꽃이 보고 싶다
어디에도 꽃이 없는

빈 꽃밭에서
꽃나무 빽빽한 꽃 숲으로 가서
꽃대모양 길게 숨 한 번 들이키고
꽃잎처럼 활짝 가슴 한 번 열고
고개 들어 무색무취의 하늘 한 번
보고 싶다
도시도, 사람도 아랑곳 않고
꽃나무 빽빽한 숲으로 가서
애증이나 기다림도 아랑곳 않는
빛과 바람보다 무성한 꽃향기의
꽃이 보고 싶다

8-그 꽃나무

아무것도 모르는
남남으로 우리가 만나면
그때, 그 꽃나무도
밤을 새우며
가슴 아파할까
그 꽃그늘을 스쳐 지나갈
그대와 나를 부르다

손을 내밀까
알 수가 없구나
우리는 이제 서로를 몰라보는
남남이 되었는데
화원의 꽃은 저리 붉고
계절은 빤한 얼굴로
문을 열고 들어서네

9-꽃신

비 오는 날
꽃들이 진다
내리는 비를 따라 땅거미 진
너와 나의 뜨락으로 꽃이 진다
네가 오고 말 자리에도 꽃이 지고
네가 가고야 말 자리로도 꽃이 진다
비를 맞고 서 있는
나무 한 그루
꽃이 진다
아무도 서성이지 않는 저녁
꽃잎만 무수히 내려앉는다

그대가 오고가도 남길 수 없는
꽃잎보다 연한 비를 맞아가면서
꽃신을 만든다

10-꽃 매

덕은동 화원 앞을 지나면서
인사동 지하상가 꽃집 앞에서도
나는 꽃이 보고 싶다
몇 번이고 깊은숨을 들이켜도
꽃향기가 그립다
언젠가 그대가 내린
가혹한 꽃매
온 몸으로 수놓아진
꽃무늬가
몸살을 한다

11-묘지

묘지로 가면

그대 서른여섯 해 위로 피고 지던
꽃들을 볼 수 있을까
흙으로 돌아가는 그대 발밑으로
순하게 떨어져 쌓이면서
나도 너처럼 꽃이 보고 싶다
배꽃 같은 향기가 날까
그대 무덤도 얼었다 녹는
3월쯤 그곳으로 가면
진달래보다 붉은 꽃 등을 밝힌 채
내 묘지도 찬란할까

12-너의 당부

쓰러지더라도 부디 꽃밭으로
쓰러지라던 너의 당부에
허리를 기대며
묻는다
네가 나의 꽃밭이다, 네가
나의 중심이다
대답 없는 너의 당부가 꽃처럼 활짝 핀
화단 가에서 다시 어깨를 기대며

세상 모두 꽃밭이다, 세상 모두
꽃이다
나를 염려하는 너의 염려도
향기로운 꽃무더기다

13-우람한 꽃나무

꽃그늘로 가서 이야기해 보련다
어제가 그랬듯이 오늘도 꽃이 피고
지는 세상에
우리가 함께 뿌린 꽃씨들은 어디로 가서
바람이 되고 비가 되고
흔한 풀씨가 되었느냐
언제쯤 우리가 만나지도록
바람을 몰고 오고
비를 몰아오고
강물은 흘러흘러
푸른 초장이 되겠느냐
그 한가운데쯤
우람한 꽃나무 한 그루가 있어
그 꽃그늘로 우리를 불러놓고

꽃을 보게 하겠느냐

14-밀어

그래요
우리 함께 꽃밭으로 가요
그곳에서 함께 꽃을 보아요
아무 말도 하지 말고
그냥 꽃을 보아요
누구에게나 자신의 향기를
공평하게 나눠 주는 꽃들이 사는
꽃밭으로 가서
한나절이나 꽃에 취하고 향기에 취하고
우리도 어쩔 수 없는 밤이 찾아오면
아아, 그때 우리 함께 밤을 맞이해요
꽃은 또 하나의 태양이므로
또 하나의 눈부신 빛이므로
우리 함께 사랑을 맞이해요
오랫동안 참아 왔던 사랑의 말로
꽃을 피우고
꽃밭을 만들어요

15-꽃배

비 내리는 숲에서
꽃배가 뜬다
강을 건너는 나그네도
기다리는 여인도 없는
고요한 숲에서
연분홍 꽃배 하나 뜬다
푸른 숲 그림자와
새들의 침묵까지 가득 싣고
작은 배 하나 흘러간다
내가 그대를 남겨두고 떠나온
그대가 나를 남겨두고 떠나간
비 내리는 숲으로
꽃배가 뜬다

16-어긋난 꽃가지

어디로 가느냐고 물어도
사공은 말이 없다
남은 시간이 어찌 되느냐 물어도

대답이 없다
그대 거처는 알 길 없는
꽃눈 같아서
일 년 삼백육십오일 그대가 보고 싶을 뿐
삼백예순다섯날을 뜬눈으로 피고 져도
만나지지 않는
어긋난 꽃가지로 꽃이 만발하는 삶
나 비록 여기 누웠어도
꽃이 보고 싶다

17-꽃밭

꽃밭에 가서
꽃을 보고 싶다
내게서도 그대에게서도
꽃향기만 나는 꽃밭에 가서
그대의 꽃밭을 가꾸는
정원사가 되고 싶다
꽃밭에 가서
꽃을 보고 싶다
내게서도 그대에게서도

꽃향기만 나는 꽃밭을 만들어
그대 작은 행복을 가꾸는
농부가 되고 싶다

18-사랑

내가 사랑이 보고 싶다
말하면 어디선가
새소리가 들린다
가까운 거리에서
피었다 지던 꽃들이 보인다

나와는 상관이 없는 듯
그렇게 들려오던 그 소리가
그렇게 피고 지던 꽃들이
내가
사랑이 보고 싶다 말하면
약속이나 한 듯 그 숲
그 나뭇가지 아래로 나를 불러놓고
귀를 밝히고
눈을 맑힌다

19-꽃을 찾아가는 길

꽃이 보고 싶어
비로소 열리는 꽃길 하나
문 하나
온통 그대 향기로 가득 찬
세상 하나
별빛 하나
그 세상이 보고 싶어
비로소 시작된 노래 하나
강물 하나
길고 긴
꽃바람 하나

■ 류우림의 시세계

절대적 존재로서의 '꽃'과 기독교적 상상력

유한근
(문학평론가 · 디지털서울문화예술대 교수)

　류우림은 목사이며 시인이다. 그 때문에 나는 오래전 류우림 시인의 시집 ≪아름다운 그대와 눈이 밝은 나≫의 시 해설 〈영적 시인의 문학의지〉에서 기독교시의 가능 지평을 탐색하며 이렇게 말한 바 있다. "그동안의 기독교적인 시가 우리의 시단에서 실패했던 이유는 지나친 자기 신앙 고백 및 기도시로 치우쳐 문학성이라는 미학적 고려를 하지 않은데 있었다. 문학적 양식에 종교사상 혹은 종교 교리를 수용할 때, 그것은 단순한 신앙 고백적 의미만 지닌 것은 아닐 것이다. 그것이 선교적 의미를 지닌다 하더라도 문학 양식을 차용하고 있는 만큼 그 특성을 고려해야 하는데도 불구하고 많은 기독교 시인은 이를 배제한 채 성령이다이너마이트로 방언과도 같은 시를 써왔다. 그로 인해 비신자로부터 외면당해 왔으며 문학인들로부터 문학성 결여를 지적당해 왔던 것으로 보인다. 그러나 류우림의 두 번째 시집에서는 이런 기독교 신앙시에 대한 기존의 지적을 불식하는 모습을 보이고 있어 주목된다"가 그것이다. 그 연장선상에서 이 평론도 이어지게 된다.

나는 아직도 1990년대, 그때의 류우림의 시 중 요셉의 '사다리'를 기억한다. 그러나 현재 류우림은 시인으로서의 삶이 여러 해 되었고, 시력詩歷이 온축된 만큼 다른 각도에서 그의 시는 탐색되어져야 할 것이다. 많은 세월 속에서 시인으로서의 삶과 자연인으로서의 삶이 더 깊어졌을 것으로 보이기 때문이다.

이에 따라, 2002년 ≪사랑의 그네≫ 이후 14년 만에 내는 이 시집 ≪꽃이 보고 싶을 때≫의 '시인의 말'을 먼저 주목한다. 이 시집의 모티프를 발견하기 위해서이다.

> 나이가 들수록/시를 읽을 일이다/가슴이 허허롭고/사는 게 재미없어질수록/뜨겁게 타오른 후 남겨진/사리 같은 시/한여름 내내 베어내던 풀과도/마침내 친구가 되는/가을 같은 시/나이가 들수록/소리 없이 밤새워 내리는 함박눈 같은/시를 읽을 일이다
> — '시인의 말' 중에서 시 〈시詩〉 전문

위의 인용문에서 보듯이, '사리 같은 시' '가을 같은 시' '함박눈 같은 시'가 표상하고 있는 시, 그 정체가 무엇인가를 살피고자 한다.

1. '꽃'의 표상 속에 함유된 의미 공간

"뜨겁게 타오른 후 남겨진 사리 같은 시"는 삶의 편린들이 온축되어 하나의 지혜로 뭉쳐진 인고의 시, 삶의 요체가 집약된 시를 의미할 것이다. 시인의 시어 한마디 한마디가 사리 같은 것이기 때문에 두말할 나위는 없겠지만, 그것보다는 삶, 그 자체를 표상하는 시, 혹은 시 속에 삶의 모든 것이 압축된 시, 그리고 잠언 같은 지혜의 시이기 때문에 더욱 그러할 것이다.

그리고 '가을 같은 시'와 '함박눈 같은 시'는 자연친화적인 표현구조의 시라는 형식과 인간들에게 정서적 구원을 제공하는 시를 의미하는 것으로 보아야 할 것이다. 누구나 마찬가지로 고달픈 삶에 시달리고 사는 인간들에게 가을 하늘과 겨울 함박눈처럼 위로와 포근함과 평화를 주는 시가 그것일 것이다.

> 그사이
> 많은 꽃들이 왔다 갔습니다

빗속에 묻어나는 치자꽃향기 같은 세월도
왔다 가고
아름답던 새소리도 곁에 앉았다 가고
나도 모르는 사이에 그대도 서성이다 갔습니다

그새 많은 꽃들이 왔다 갔습니다
그 많던 꿈도 꽃을 따라 왔다 가고
그 많던 슬픔도 빗물에 쓸려 가고
아침마다 눈을 밝혀주던 풀꽃들도
마당을 서성이다 갔습니다

나도 모르는 사이에 세월은 흘러
바다로 가고
바람은 파도처럼 빈 나무 가지를 흔들고 있는데
마른 동백나무 곁가지에
그대가 묻어 두고 떠난 사랑이
피었습니다

― 시 〈사랑〉 전문

위의 시 〈사랑〉를 이해하는 데 중요한 관건은 '그대'라는 존재이다. '그대'는 시인의 특별한 사람일 수도 있고 불특정한 존재일 수도 있다. 인간의 존칭일 수도 있고 하나님일 수도 있다. "마른 동백나무 곁가지에" 사랑을 묻어 두고 떠난 사람이며, 그 사랑을 다시 피어나게 한 존재이다. 위의 시에서 왔다 간 '꽃들'이 무엇을 표상하는 것인가에 따라 개연성이 있는 시어가 될 것이다. 시 〈꽃〉에서는 하나의 불가시적이고 관념적인 존재로 인간의 정서와 지성을 의미하기도 한다. "순한 꽃도/열정 없이는 피지 않는다/부드러운 향기도/매순간 태양처럼 폭발하지 않으면/날개를 퍼덕이지 못한다"가 그것이고, "아무리 아름다운 꽃도/날이 잘 선 칼날처럼/파르스름한 눈을 뜨고 있지 않으면/꽃이 되지 못한다"(시 〈꽃〉 전문인용)가 그것이다. 열정과 깨어 있는 지혜 혹은 지성 없이는 꽃이 되지 못하는 존재가 '꽃'이라는 존재이다. '마른 동백나무 곁가지'라는 모든 만물에 사랑을 묻어 놓는 사람, 그 사람은 시인이며, 목회자가 섬기는 신神이기도 하다. 생명을 주는 분이며, 생명 그 자체인 존재이기도 하다.

꽃이 보고 싶습니다/거기서 그렇게 피어 있을/당신//헤어질 때 활짝 핀/꽃이던 당신/그 후로 늘 꽃이던 당신/그런 당신이/지고 있습니다//조그만 마당가에서 지고 있는/꽃을 보고서야/당신도 저 꽃처럼 지고 있다는 것을/알았습니다//헤어질 때 더 향기롭던/꽃이던 당신/당신이 보고 싶어 하던 꽃도/덩달아 무너져 내리는/오늘//꽃이 보고 싶습니다

― 시 〈당신〉 전문

위의 시 〈당신〉의 '당신'은 〈사랑〉에서의 '그대'와 다르지 않다. 꽃으로 피어 있는 당신, 활짝 피기도 하고 지기도 하지만, "헤어질 때 더 향기롭던 꽃"인 당신, 그 당신이 "보고 싶어 하던 꽃도/덩달아 무너져 내리는 오늘" 꽃이 보고 싶다고 노래한 시인의 마음은 당신이라는 존재가 생명, 그 자체이기도 하겠지만 생명을 주신 분으로 인식하고 있다. 물론 이 시에서 꽃을 사물의 하나인 꽃으로 그리고 당신을 불특정한 사람으로 이해해도 무리는 없다. 그러나 류우림 시인이 목사임을 염두에 둘 때 이러한 이해는 가능해질 수 있다.

> 보면 볼수록
> 목이 메이는 아침
> 점심 그리고 저녁이여
> 너는 어찌 이렇게 나를 찾아와서
> 날마다 얼굴을 내미는가
> 보면 볼수록
> 가슴 저리는 저녁
> 새벽 그리고 오후여
> 너는 어찌 이렇게 나를 찾아와서
> 날마다 손을 내미는가
> 보면 볼수록 먹먹해지는
> 나의 하루 너의 하루여

> 너는 어찌 이렇게 나를 찾아와서
> 날마다 내 어깨를 다독이는가
> 보면 볼수록
> 보면 볼수록 눈물겨운 하루여
>
> - 시 〈하루〉 전문

 이 시 〈하루〉에서의 '너'는 '하루'이다. 하루라는 모티프를 시적 대상으로 삼은 시이다. 이 시의 서두에서 시인은 아침이면 "보면 볼수록/목이 메"인다고 토로한다. 그리고 "어찌 이렇게 나를 찾아와서/날마다 내 어깨를 다독이"지만, 너, 하루를 "보면 볼수록 먹먹해지"고 "보면 볼수록 눈물"겹다고도 노래한다. 그것이 아마도 사람이 그립기 때문일 수도 있다. 이를 뒷받침해 주는 시는 〈사람이 그리운 날〉, 〈그리운 날〉, 〈사람들 속에서〉에서 나타난다. 〈사람이 그리운 날〉에서의 시적 자아는 "사람을 찾아 밖으로 나서"게 되고, "그리운 것들은 모두 떠나고/낡고 오래된 골목만 우두커니 앉아/사람을 기다리는/사람"이다. 그리고 그런 사람이 "사는 세상에서 사람을 볼 수 없는 날/늙은 팽나무 잎만 바람에 떨어지는 날/밤새도록 쏘아대는 가스총 소리도/어린 고라니 눈동자처럼 반갑고 안심되는 날"(시 〈사람이 그리운 날〉에서)의 존재이기도 하다. 그리고 그런 날에는 "모든 것들이 말을 걸어온다"고 다른 시 〈그리운 날〉에서 노래한다.

그리운 날에는
대문 곁에서 허물어진 돌확처럼
이곳저곳 금이 간 흔적들이
말을 걸어온다

마당의 꽃들은
그대가 떠나던 그 봄처럼
어느새 지고
수로에서 붉던 동백꽃처럼
그대가 그리운 날에는
능선마다 피었다 지는 꽃까지
그리운 날에는
산이 말을 걸어온다
동백 씨앗처럼 까맣게
영근 목소리로
몇 날 며칠 내려 쌓일 눈을 이고
피어날 꽃 이야기를 한다

그리운 날에는
모든 것들이
말을 걸어온다

- 시 〈그리운 날〉 전문

시 〈그리운 날〉에서의 그날은 "마당의 꽃들은/그대가 떠나던 그 봄처럼/어느새 지고/수로에서 붉던 동백꽃처럼/

그대가 그리운 날"이며, "능선마다 피었다 지는 꽃까지/그리운 날"이다. 감각적인 말이다. 이미지가 선명한 날이다. 그런 날에는 모든 것들이 시인에게 말을 걸어온다. 자연 친화 혹은 사물과의 동일화의 순간, 그 적요한 공간이다. 그런 날에는 "산이 말을 걸어"오는데, 산은 "동백 씨앗처럼 까맣게/영근 목소리로/몇 날 며칠 내려 쌓일 눈을 이고/피어날 꽃 이야기를 한다"고 시인은 인식한다.

  여기에서 "피어날 꽃 이야기"가 무엇을 의미하는가가 이 시를 이해하는 마지막 관건이 된다. 그리운 날에 산이 동백꽃 씨앗처럼 걸어온 말, 그 말이 '피어날 꽃' 이야기라는 것이다. 다시 피어난다는 말의 의미는 재생, 부활, 새봄에 피어날 생명을 의미할 것이다. 이 의미를 자연친화적 상상력이나 기독교적 상상력에 대입해도 큰 무리는 없을 것으로 보인다. 시 〈집〉에서 "집은/하나님이 세상에 만들어 놓으신/작은 꽃밭/사람에게 허락된 작은 천국"이라는 구절을 보아도 그러하다.

  시 〈꽃밭에서 드리는 기도〉를 읽으면 자명해진다. "하나님은 어디로 마실을 나가실까/내가 돌보는 작은 꽃밭이 비바람에/황폐해졌는데 하나님은 오늘/나보다 더 쓸쓸한 사람의 꽃밭으로 꽃 일을 나가셨다/손잡이가 노란 꽃삽은 저렇게 놓아두신 채/하나님은 어디로 급히 가셨을까/아무리 손을 봐도 더는 어찌할 수 없는/내 작은 꽃밭의 비와 천둥을 하나님은/무슨 뜻으로 서둘러 뿌려 놓고 가셨을까//무너진 화단 가에서 하늘을 본다"(시 〈꽃밭에서 드리는 기도〉 전문인용)가 그것이다. 시 〈군불〉의 후반부를 읽어도 그러하다. "세상에 와서 피고 지는 꽃들을 따라/한낮을 보내고/저녁이 되면 감나무 아래 쌓인/보잘것없는 불쏘시개들이 일어나/타닥타닥 내 육체를 화장하는 곳/황금도 묻히는 어둠을 뚫고 평화를 가져오는 곳/내 영혼이 눈을 뜨는 성소에/불을 붙인다"(시 〈군불〉에서)를 보아도 신앙적 상상력으로 쓴 시임을 짐작하게 한다.

2. 일상과 가족, 리얼리티적 이미지

종교적 상상력으로 시를 쓰는 시인에게도 사람이 그리운 날의 삶의 범주는 범상한 것이 아니다. 일상적일 수밖에 없다. 그러나 그 속에서 무엇을 인식하는가가 중요하다. 시인적 감각과 생활철학적인 인식이 어떻게 시로 형상화되고 있는가를 탐색해보는 일을 간과할 수 없다.

칼국수를 먹으러 간다
눅눅하게 흐린 저녁나절에 신평 전철역으로 간다
계단을 내려서면 펄럭이는 깃발
로또 가게 안에서 후줄근한 사내들이

> 흔들리고 있다. 그래, 마음껏 흔들려라
> 흔들리는 것이 부끄러운 일은 아닐 터,
> 그러나 부러지지는 말아라
> 시내의 번잡한 극장 앞에서 너를 기다리며
> 무디어진 칼을 간다
> 칼칼하게 매운 손칼국수 한 그릇을 제대로 먹기 위해
> 시계를 본다. 올 시간이 됐다
> 툭, 툭 투둑,
> 빗방울에 묻어나는 도시의 흙냄새
> 그리고 두 번 더
> 마침내 쏟아지는 게릴라성 집중호우
> 당첨이다
>
> - 시 〈칼국수〉 전문

시 〈칼국수〉에서의 '너'는 시적 자아이기도 하지만 불특정한 사람들이기도 하고, 시적 대상인 칼국수이기도 하다. 칼국수를 먹기 위해 시인은 신평역 전철역으로 간다. 로또 가게 안에서 흔들리는 눈동자로 서 있는 후줄근한 사내들을 보고 "마음껏 흔들려라" "그러나 부러지지는 말아라" "부끄러운 일은 아"니라고 외친다. 그리고 먹기 위해 시킨 칼국수가 나오기를 기다리는 동안 시계를 보고, 두세 차례 게릴라성 집중호우가 퍼붓고, 마침내 집중호우 속에서 시킨 칼국수가 나온다. 그것을 시인은 "당첨이다"라고 인식한다. 로또가 당첨된 것처럼 어처구니없게도 행운으로 인식

한다. 번잡한 칼국수 집에서 먹게 되는 칼국수를 행운으로 인식하고 있는 것은 삶의 작은 기쁨이기도 하지만 하나의 깨달음이기도 하다.

> 멸치를 깐다
> 쥐똥같이 까만 속을 발라내면서
> 콩도 아닌 멸치를 깐다고 말한다
> 어린 시조새의 화석 같은 **뼈**를 추리고 나면
> 쥐똥같이 까만 덩어리 하나뿐인데
> 어떻게 그 넓은 바다를 헤엄쳤을까
> 하늘로 날아간 새에 대한 그리움이었을까
> 쥐똥같이 까맣게 타들어간 사랑의 힘일까
> 바다는 더없이 넓은데
> 그토록 허술한 그물에 걸릴 건 또 뭔가
> 더 날아갈 하늘도
> 애간장을 태울 사랑도 저물어서일까
> 허연 소금기를 훔쳐내고 속을 가르면
> 거기 내 상처를 모두 아물게 하고도 남을 것 같은
> 까만 신약 한 알이 있다
> ― 시 〈멸치〉 전문

멸치를 까는 일도 일상적인 모습이다. 그 일상적의 삶의 작은 모습 속에서 시인은 시 〈멸치〉를 통해 멸치의 까만 속을 "어린 시조새의 화석 같은 **뼈**"로 인식하고, "하늘로 날아간 새에 대한 그리움" "쥐똥같이 까맣게 타들어간 사랑의 힘"으로 인식한다. 이러한 인식 과정은 시간과 공간을 초월하는 상상력과 종교적 상상력으로만 가능한 힘이다. 그리고 그것의 존재를 "까만 신약 한 알"까지로 인식한다. 허술한 그물에 걸려 잡힌 멸치. 그 까만 속, 그 존재를 시인은 "더 날아갈 하늘도/애간장을 태울 사랑도 저물어서일까/허연 소금기를 훔쳐내고 속을 가르면/거기 내 상처를 모두 아물게 하고도 남을 것 같은/까만 신약 한 알이 있다"로 그 인식의 과정을 확대시킨다. 선명한 이미지가 주목되지만 상상력의 확대 과정이 특별하다.

그렇다면 가장 평범하고 진부한 시적 대상을 어떻게 확대시키고 있는가를 보자.

①잠들어 있는 아내를 본다
요란스런 이른 아침 새소리에 꽃가지 밑으로
떨어진 한 장 꽃잎을 본다
지난밤 내가 누웠던 쪽으로 돌아누워
꿈을 꾸는 아내
그 꿈속에도 복사꽃 만발한 꽃그늘이 있어
그녀와 내가 사는 앞마당으로 휘어진 가지 사이를
이리 저리 옮겨 다니며 새들은 아침을 맞을까
작고 초라한 내 방으로 떨어진
한 장 꽃잎을 본다

지난밤 내가 누웠던 자리로 슬그머니 흘러들어
고인 수면 위에 떠 있는
한 장 꽃잎을 본다
　　　　　　　　　　　　　　　- 시 〈아내〉 전문

②꽃잎 두 장이
발치에서 잠이 들었다
어쩌다 지나는 바람에 몸을 뒤척일 때면
온 힘을 다해 나를 끌어당긴다
행여 어느 가지,
어느 이파리 하나가 느슨해져
꽃잎이 다칠까
잠꼬대 하나에도 온 몸을 눕혔다
세운다
　　　　　　　　　　　　　　　- 시 〈가족〉 전문

　①의 시는 〈아내〉이고, ②의 시는 〈가족〉으로 아내와 딸을 지칭하는 것으로 보인다. 아내와 딸로 보는 이유는 "발치에서 잠이 들었다"와 "꽃잎이 다칠까"라는 시 구절 때문이다. 이 두 편의 시에서 아내와 딸을 '꽃'이 아닌 "꽃잎"으로 표상하고 있다. 절대 존재인 꽃을 구성하는 하나의 작은 존재로 보고 있는 것이다.
　①의 시에서 시인은 누워 꿈꾸는 아내를 "요란스런 이른 아침 새소리에 꽃가지 밑으로/떨어진 한 장 꽃잎", "작고

초라한 내 방으로 떨어진/한 장 꽃잎", "고인 수면 위에 떠 있는/한 장 꽃잎"으로 인식한다. 소박한 이미지로 인식하고 있지만, 그 속에는 가족으로서의 연민과 사랑, 그리고 종교적 상상력의 소산인 꽃잎으로 인식하고 있다는 점에서 시인과의 동일화를 꾀하게 된다.

마찬가지로 ②의 시 〈가족〉에서 "어쩌다 지나는 바람에 몸을 뒤척일 때면/온 힘을 다해 나를 끌어당긴다"는 인식을 통해서 가족과 하나라는 동일화를 느끼게 된다.

류우림 시인은 감각적인 이미지를 시의 생명으로 생각하는 시인이다. 시 〈가을에 쓰는 시〉에서 "가을에는 시 대신 그림을 그린다/그림은 이미 모든 시의 고향이므로/이미 깊고 오래된 시이기도 하므로/그대가 보내온 시로 그림을 그린다/(…)/그림은 이미 모든 사랑의 시작이기도 했으므로/가을에는 시 대신/그림을 그린다"(시 〈가을에 쓰는 시〉에서)라고 노래하듯 시를 그림으로, 시각적 이미지로 그리는 시인이다. 그것을 시의 고향 즉 본향이라 말하고 있으며 "그대가 보내온 시", 즉 다시 말하면, 영감이나 신神의 소리를 이미지로 보여 준다. "산 빛이 아무리 푸르러도/너의 눈빛만 하겠느냐/목련이 지고 배꽃 떨어진 자리로/사월 하순의 푸른 물이 고여도/깊어가는 너의 고독만 하겠느냐"(시 〈저녁연기〉에서)라는 절창만 보아도 알 수 있다.

3. '슬픔'과 '보고 싶은 꽃'의 연작시의 연작시

이 시집에서의 연작시는 〈슬픔에게〉 여섯 편과 표제시인 〈꽃이 보고 싶을 때〉 열아홉 편이다. 먼저 〈슬픔에게〉부터 일별하자.

〈슬픔에게·1〉은 "참 슬프구나"로 시작되어 "세상은 모두 눈을 감은 채 내 슬픔을 용납하는구나/기쁨조차 인색해진 오늘에 와서야 너의 슬픔을/나의 비루함을 기념하는 시간이 오고/나의 꿈은 정녕 이 낮은 곳으로 강림하실 시간이/아득하다는 것인가/네 손을 잡고 걸어볼 야소골의 대지는 푸르기만 한데/너는 슬픔의 연서만 띄우고 있구나"로 끝난다. 이 구절을 볼 때, 이 시는 창조주가 시인 류우림의 입을 빌어 슬프게 노래한 시로 보인다. 이 시의 톤이 절대자의 것이고 "나의 꿈은 정녕 이 낮은 곳으로 강림하실 시간"이라는 구절 때문이다. 인간이 절대자에게 보내는 '슬픔의 연서'와 인간의 원초적인 슬픔의 정제 그것에 대한 토로의 시로 이 연작시는 시작되며 슬픔으로 표상되고 있는 절대자와 인간의 관계양식을 이 연작시로 탐색하려는 것으로 보인다. 그러니까 서시序詩격인 〈슬픔에게·1〉의 시적 화자는 절대자인 셈이다. 이러한 나의 이해가 이 시에 대한 오독誤讀일 수 있으며, 독자의 상상력을 제한시킬 수 있음을 전제하며 다음 시를 읽는다.

> 슬픔이 슬픔에게 말을 건다
> 이런 날이 내게 오리라고는 짐작하지 못한 것처럼
> 어색하게 슬픔이 슬픔에게 말을 건다.
> 말이 없어도 어색하지 않는 눈빛으로
> 서로를 바라보는 것만으로도 가슴이 시려오는 슬픔이
> 슬픔에게 말을 거는 연습을 한다
> 내가 하고 싶은 말은 이런 것이 아니라고
> 내가 보여 주고 싶은 것은 이런 것이 아니라고
> 내가 살고 싶은 삶도 이런 삶이 아니고
> 내가 하고 싶은 사랑도 이런 사랑이 아니라고
> 슬픔이 또 다른 슬픔에게 말을 건다
> ― 시 〈슬픔에게·2〉 전문

이 장章의 서두에서 전제한 사항을 고려할 때, 시 〈슬픔에게·2〉의 '내게'의 '나'는 절대자가 아닌 인간으로 보아도 좋을 것이다. 시인 자신으로 보아도 좋을 것이다. 첫 행 "슬픔이 슬픔에게 말을 건다"는 객관적 표현이기는 해도, 시인이 절대자에게 말을 건다로 이해하자는 것이 그것이다. 그리고 이 시를 읽어갈 때 그 의미는 분명해진다.

말을 거는 슬픔과 슬픔의 말을 듣는 슬픔은 "서로를 바라보는 것만으로도 가슴이 시려오는" 관계이다. 이 양자는 "말을 거는 연습을", 그 연습은 종교적으로는 기도의 형태이며 답의 형태로 이루어진다. 이들 대화의 주제는 "살고 싶은 삶"과 "하고 싶은 사랑"이다.

시 〈슬픔에게·3〉은 절대자의 말로, "네 몸에선 별들의 냄새가 나고/지나온 은하의 강들과 이끼가 묻어 있구나/이미 오래전 내 안으로 스며들어/말없이 슬픔을 다독이며 슬픔의 곁을 지켜온 너"라고 인식하며, "하늘의 무수한 별들을"보내며, 위로를 기다리는 다른 별에게도 찬란한 자신의 슬픔을 보낸다.

그리고 〈슬픔에게·4〉의 시적 화자는 인간으로 볼 수도 있지만 "나에게 조금의 아량을 베풀어다오"라고 노래하는 것으로 볼 때 이 노래도 절대자의 노래이다. 이런 패턴으로 이 연작시는 말을 거는 슬픔과 말을 듣는 슬픔이 서로의 존재를 확인해 나간다.

> 그때는 어떻게 할까
> 눈물이 나서 눈물이 앞을 가리고
> 모든 것들이 두꺼운 얼음장 뒤의 사물처럼
> 어른거릴 때, 그 가운데서 어둡고 두꺼운 유화처럼
> 너의 존재가 사물화 되어 갈 때
> 너보다 먼저 목석이 되어 벼랑 끝에 서고 싶은
> 그때는 어떻게 할까
> 벌써부터 혼자서 고행하듯 파내려가는 강 하나
> 너를 생각할 적마다 자주자주 범람하는 강
> 눈물이 아니고서는 흘러들 수 없는 부재의 강

함부로 건널 수도 돌아갈 수도 없는
내 육체와 영혼을 침례하고 너를 부활시킬 강
너의 이름으로 강을 부른다. 슬픔이여
　　　　　　　　　　　- 시 〈슬픔에게·5〉 전문

　위의 시 〈슬픔에게·5〉에서는 슬픔의 강의 정체성을 노래한다. "눈물이 나서 눈물이 앞을 가"려 "모든 것들이 두꺼운 얼음장 뒤의 사물처럼/어른거릴 때, 그 가운데서 어둡고 두꺼운 유화처럼/너의 존재가 사물화 되어 갈 때" "그때는 어떻게 할까"를 묻는 것으로 시작된 이 시는 혼자서 고행하듯 파내려가는 '슬픔의 강'은 "생각할 적마다 자주자주 범람하는 강"이며, "눈물이 아니고서는 흘러들 수 없는 부재의 강"이며, "함부로 건널 수도 돌아갈 수도 없는/내 육체와 영혼을 침례하고 너를 부활시킬 강"임을 인식하는 시이다. 여기에서 주목되는 시 구절은 "내 육체와 영혼을 침례하고 너를 부활시킬 강"이라는 부분이다. 육체와 영혼의 침례. 그것은 기독교의 의식으로 물에 몸을 잠그는 입교의 한 형태이다. 로마서 6장 3-11절을 근거로 한 초대교회의 일반적인 의식으로, 예수 그리스도와 함께 죄를 사하고 새 생명으로 다시 태어나는 부활을 상징하는 의식이다. 그러한 의미를 지닌 슬픔의 강을 이 시에서는 환기시켜 주고 있다.

　그리고 〈슬픔에게·6〉의 첫 행은 "마침내 너의 이름을/

친근하게 부르는 날이 왔구나"라는 톤(Tone)과 의미로 볼 때 절대자의 노래이다. "마침내 부끄럼 없는 너의 나신을/마주하는 날"이 되면 그때 비로소 "모든 사물이 따뜻해지고 아름답"고, "마침내 네가 나에게로 온 날/너는 내 **뼈**가 되고 살이 되었구나/이렇게 막막한 세상에서/이렇게 눈부신 하늘 아래서"라고 영적 부활을 노래한다.

요컨대, 연작시 〈슬픔에게〉 6편은 슬픔의 존재인 절대자가 슬픔의 존재인 인간에게 불러주는 잠언적인 노래이다.

연작시 〈꽃이 보고 싶을 때〉는 한 편의 시에 하나의 부제를 한 단락으로 구조한 장시 패턴의 시이다. 이 시는 〈1-벽〉, 〈2-꽃이 진다〉, 〈3-도박〉, 〈4-동백꽃 그늘에서〉, 〈5-꽃이 하는 말〉, 〈6-혼곤한 꿈〉, 〈7-꽃 숲으로 가서〉, 〈8-그 꽃나무〉 〈9-꽃신〉, 〈10-꽃매〉, 〈11-묘지〉, 〈12-너의 당부〉, 〈13-우람한 꽃나무〉, 〈14-밀어〉, 〈15-꽃배〉, 〈16-어긋난 꽃가지〉, 〈17-꽃밭〉, 〈18-사랑〉, 〈19-꽃을 찾아가는 길〉 등 다른 소재 혹은 모티프로 된 시이다.

꽃이 보고 싶을 때
나는 창가로 산나
한없이 가슴이 답답하고
먹먹해질 때
나는 벽 앞으로 간다

하나의 방을 위하여 하나의 벽을
세울 수밖에 없었던 이들을 위하여
아, 나는 꽃이 보고 싶을 때
누구나 창밖을 바라볼 수밖에 없는
깊고 푸른 눈을 가진 이들을 위해
창가로 간다

오늘은 비가 내리고
꽃이 지고
내일은 밤의 어둠과
이슬 스러진 자리로
태양이 뜨고

나는 또
꽃이 보고 싶어
창가로 간다
한없이 가슴이 먹먹하고
답답해질 때면
수직으로 일어선 벽 앞으로 간다
　　- 연작시 〈꽃이 보고 싶을 때〉 중 〈1-벽〉 전문

　위의 시 〈꽃이 보고 싶을 때〉의 첫 번째 시 〈1-벽〉이다. 여기서 이 시를 이해하는 데 관건이 되는 것은 '벽'이다. 이 시 1연은 "꽃이 보고 싶을 때/나는 창가로 간다/한없이 가슴이 답답하고/먹먹해질 때/나는 벽 앞으로 간다"로 시작

된다. 여기에서 독해의 어려움은 답답하고 먹먹할 때 벽 앞에 간다는 후반부이다. 그리고 마지막 연의 "한없이 가슴이 먹먹하고/답답해질 때면/수직으로 일어선 벽 앞으로 간다"에서의 '수직으로 일어선 벽'이 상징하고 있는 의미이다. 벽은 장애이다. 벽은 하나의 경계를 짓는 테두리 역할을 한다. 범주를 규정하는 법칙 같은 것이다. 무너뜨릴 수 없는 절대적인 경계다. 그러나 벽은 외부의 침략을 막아 주는 역할을 하게도 된다. 벽에 갇혀 있지만 어떤 측면에서는 방처럼 편안할 수도 있다. 그렇다면 시인에게 있어서 "꽃"의 의미가 절대적인 존재라 할 때, "벽"은 시인이며 목사인 류우림에게는 성경을 의미하는 것으로 보아도 좋을 것이다.

> ③흔한 말로 억장이 무너져서
> 흔한 꽃이라도 보자고 나갔더니
> 꽃은 안보이고
> 무너진 억장들이 지천으로 피어
> 이래도 꽃이 보고 싶으냐 이래도
> 무너질 억장이 남았느냐 하길래
> 나도 몰래 두 주먹을 불끈 쥐고 온 몸을 떨었더니
> 꽃이, 진짜 꽃들이
> 얼마나 힘이 들었느냐 얼마나 가슴이
> 아팠느냐
> 먼 옛날 너처럼 가슴이 무너졌던 어느

시인도 너처럼 나를 붙들고 몸을 떨다가
마침내 나무가 되고 꽃이 되어 하는 말은
얼마나 긴 긴 날들이었더냐 얼마나 외롭고
쓸쓸한 밤이었더냐
  　　　　　　　　　　　－〈5-꽃이 하는 말〉전문

④꽃이 보고 싶어
비로소 열리는 꽃길 하나
문 하나
온통 그대 향기로 가득 찬
세상 하나
별빛 하나
그 세상이 보고 싶어
비로소 시작된 노래 하나
강물 하나
길고 긴
꽃바람 하나
　　　　　　　　　　　－〈19-꽃을 찾아가는 길〉전문

　③은 꽃이 하는 말이고, ④의 시는 꽃을 찾아가는 길을 노래한 연작시 마지막 노래이다. ③의 시 〈5-꽃이 하는 말〉의 꽃은 절대 존재의 절대적인 진리의 말, 진실의 말의 어려움과 외로움 그리고 쓸쓸함에 대해서 노래한 시이다. 그리고

④의 시 〈19-꽃을 찾아가는 길〉의 모습을 감각적으로 보여준 시이다. 감각적인 모습이란 "비로소 열리는 꽃길"이며 향기 가득 찬 별빛 세상이며 긴 강물이 있는 꽃바람 길임을 환기하는 시이다. 특히, ③의 시 〈5-꽃이 하는 말〉에 간과할 수 없는 부분은 "진짜 꽃들이/얼마나 힘이 들었느냐 얼마나 가슴이/아팠느냐"라는 부분으로, 진짜 꽃의 정체는 힘들고 가슴 아픈 참 존재이고 말씀임을 환기하고 있는 것으로 지나칠 수 없다.

류우림 시인은 시 〈그곳으로 가면〉에서 "나무 한 그루 키우리라/내 영혼에 물을 주듯/네 영혼에 수혈하듯/그렇게 나무 한 그루 키우리라"라고 노래한다. 그리고 "별이 내리고/구름 흐르는 그곳에서 /너를 만나리라 만나서/꿈을 꾸리라"라고 노래하고 있으며, 끝내는 "설계도를 고치고/다시 고치다/기둥이 일어서는 아침을 맞으리라/처마마다 해가 오르고/어디서고 등짐을 풀면/어디서고 환하게 뻗어나가는/빛의 길에서/네 살고 있는 세상을 만나리라"(시 〈그곳으로 가면〉 전문인용)라고 노래한다. 이러한 다짐을 노래하는 이유는 시 〈근황〉에서 보여 주고 있듯이 "갈수록 세상일에 어둑해지고/눈은 침침해진다"고 인식했기 때문일 것이다. 그리고 그것이 '세월' 때문일 수도 있지만 반어적으로 '지혜'라는 것일까를 의혹하기도 한다. 그러나 "뒷마당의 복숭아 꽃이 활짝" 피고, "갈수록 억세고 우람한 것들보다/연하고

부드러운 꽃잎 같은 것들이/어두운 눈을 그나마 밝히는 것은
/하나님의 위로"라고 인식하고 한편으로는 자신의 "슬픔"으로
인식한다.

　그리고 시 〈냉방〉에서 이렇게 노래한다.

　　　　마음이 따뜻해도 몸은
　　　　냉한 온돌방에서 웅크리고 자야 하는 밤
　　　　가로등 아래로 비가 내린다
　　　　신의 아들이었으나 인자로 죽음을 맞이했던
　　　　예수 그리스도처럼 캄캄한 밤
　　　　소리로만 듣던 장맛비는
　　　　빛 아래로 모여들어 우리들의 슬픔을 들려준다
　　　　들쑤셔 놓은 벌집에서 쏟아져 나오는 벌떼처럼
　　　　위협적이고 아프게 우리들의 행적을 보여 준다
　　　　마음이 따뜻해도 몸은 여전히
　　　　냉한 온돌방에서 웅크리고 자야 하는 밤
　　　　3일 만에 부활하신 예수 그리스도처럼
　　　　그리운 태양이 우리를 깨우기까지
　　　　밤은 길고 길다
　　　　　　　　　　　　　　　　　－ 시 〈냉방〉 전문

　위의 시 〈냉방〉에서의 '냉방'은 시인의 현실이며 우리 모두의 현실일지도 모른다. 그리고 그 현실은 위의 시 구절처럼 "3일 만에 부활하신 예수 그리스도처럼/그리운 태양이

우리를 깨우기까지/밤은 길고" 긴 공간일수도 있다. 그러나 꽃에 대한 선망이나 꽃길을 잃지 않는 한 냉방 같은 그 공간은 '마음이 따뜻한 몸' 같은 공간이 될 수 있을 것이라고 류우림 시인은 염원하는지도 모른다.

   기독교 신앙시도 시의 미학, 그 범주에서 벗어날 수 없다. 시가 되어야 한다. 이를 위해서는 기독교적 상상력으로 어떻게 형상화 하는가가 그 해결의 관건이다. 이를 류우림 시인은 이 시집 ≪꽃이 보고 싶을 때≫에서 보여주고 있어 주목된다.

빛나는 시 100인선 · 50
류우림 시집

꽃이 보고 싶을 때

초판인쇄 | 2016년 7월 04일
초판발행 | 2016년 7월 08일

지은이 | 류 우 림
펴낸이 | 서 정 환
펴낸곳 | 인간과문학사

주　소 | 서울특별시 종로구 삼일대로32길36
　　　　305호(익선동, 운현신화타워빌딩)
전　화 | 02)3675-3885, 063)275-4000
등　록 | 제300-2013-10호
e-mail | human3885@naver.com
　　　　inmun2013@hanmail.net

값 9,000원

ISBN 979-11-85512-84-6　　04810
ISBN 978-89-969987-4-7　(전 100권)

* 저자와 협의하여 인지는 생략합니다.
* 잘못된 책은 바꿔 드립니다.

이 도서의 국립중앙도서관 출판예정도서목록(CIP)은 서지정보유통지원
시스템 홈페이지(http://seoji.nl.go.kr)와 국가자료공동목록시스템(http:
//www.nl.go.kr/kolisnet)에서 이용하실 수 있습니다.
(CIP제어번호: CIP2016016099)